L'amour

extravagant

de Dieu

DEREK PRINCE

ISBN 978-1-78263-140-8

Originally published in English under the title "Extravagant love".

French translation published by permission of Derek Prince Ministries International USA, P.O. Box 19501, Charlotte, North Carolina 28219-9501, USA.

Traduit par Ingrid Vigoda.

Sauf autre indication, les citations bibliques de cette publication sont tirées de la traduction Louis Segond "Nouvelle Edition".

Publié par Derek Prince Ministries France, année 1998.

Dépôt légal: 3e trimestre 1998.

Deuxième impression: 3e trimestre 1999.

Couverture faite par OPTIMA/CREA PUB, Château-Thierry, tél./fax 03 23 83 32 50.

Imprimé en France

Pour tout renseignement:

DEREK PRINCE MINISTRIES FRANCE

9, Route d'Oupia, B.P.31, 34210 Olonzac France

tél. (33) 04 68 91 38 72 fax (33) 04 68 91 38 63 E-mail

info@derekprince.fr * www.derekprince.fr

BUREAUX DE DEREK PRINCE MINISTRIES

Derek Prince Ministries International/USA
P.O. Box 19501
Charlotte, NC 28219-9501 Etats-Unis
tél. (1)-704-357-3556
fax (1)-704-357-3502

Derek Prince Ministries Angleterre
P.O. Box 77
Harpenden
Hertfordshire AL5 1PJ Angleterre
tél. (44)-1582-466200
fax (44)-1582-766777

Derek Prince Ministries Afrique du Sud
P.O. Box 33367
Glenstantia 0010 Pretoria
Afrique du Sud
tél. (27)-12-348-9537
fax (27)-12-348-9538

Derek Prince Ministries Australie
1st floor, 134 Pendle Way
Pendle Hill
New South Wales 2145
Australie
tél. (61)-2-9688-4488
fax (61)-2-9688-4848

Derek Prince Ministries Allemagne
Schwarzauer Str. 56
D-83308 Trostberg
Allemagne
tél. (49)-8621-64146
fax (49)-8621-64147

Derek Prince Ministries (IBL) – Suisse
Alpenblickstr. 8
CH-8934 Knonau
Suisse
Tél: (41) 44 768 25 06
Email: dpm-ch@ibl-dpm.net

Derek Prince Ministries Canada
P.O. Box 8354
Halifax N.S. Canada B3K 5M1
tél. (1)-902 443-9577
fax (1)-902 443-9577

Derek Prince Ministries
Pays-Bas/EE/CIS
P.O. Box 349
1960 AH Heemskerk
Pays-Bas
tél. (31)-251 255044
fax (31)-251 247798

Derek Prince Ministries
Pacific du Sud
224 Cashel Street
P.O. Box 2029
Christchurch 8000
Nouvelle Zélande
tél. (64)-3-366-4443
fax (64)-3-366-1569

Derek Prince Publ. Pte Ltd
Derek Prince Ministries
10 Jalan Besar
#14-00 (Unit 03) Sim Lim Tower
Singapore 208787
République de Singapour
tél. (65)-392-1812
fax (65)-392-1823

DPM – NORVEGE
PB 129 – Loddefjord
5881 Bergen
NORVEGE
Tél: 47-5593-4322
Fax: 47-5593-4322
E-mail: Sverre@derekprince.no

Du même auteur:

**"Ils chasseront les démons"
- ➢ *Ce livre de Derek Prince de 288 pages, qu'il a écrit en 1997, constitue un manuel solide et biblique traitant le sujet délicat de la délivrance d'une façon modérée, réaliste et équilibrée.*

**"A la recherche de la vérité"
- ➢ *Logique, profond et équilibré. Très pratique, traitant tous les grands sujets de la foi chrétienne, avec questions/réponses et versets à mémoriser. Surtout très utile pour des nouveaux chrétiens.*

**"Effervescence dans l'Eglise"
- ➢ *Quels devraient être les fruits d'un réveil? Comment discerner entre le vrai et le faux? Un livre tout à fait actuel et équilibré.*

**"Le remède de Dieu contre le rejet"
- ➢ *Peut-être que le rejet est-il la cause de la douleur la plus profonde, formant l'une des blessures les plus sensibles et vulnérables de l'homme. C'est une expérience courante de nos jours, et de nombreuses personnes en souffrent. Dieu a-t-il pourvu à une solution? Ce livre vous le montrera.*

**"Prier pour le gouvernement"
- ➢ *D'une façon claire, Derek Prince montre pourquoi il est logique de prier "avant toutes choses" pour ceux qui sont haut placés (1 Tim. 2:1-2). Un enseignement simple et compréhensible, afin de savoir comment et pourquoi prier intelligemment pour le gouvernement.*

**"Comment trouver le plan de Dieu pour votre vie"
- ➢ *Dans cinq étapes claires et simples, Derek Prince vous explique comment trouver les priorités de la vie chrétienne*

**"Votre langue a-t-elle besoin de guérison?"
- ➢ *Tôt ou tard, chaque chrétien est confronté au besoin impératif de contrôler sa langue, mais il n'y parvient pas. Derek Prince apporte au lecteur l'enseignement biblique et les étapes pratiques nécessaires pour discipliner la langue.*

**"Le mariage: une alliance"
➤ *En traitant l'une des choses pouvant être la plus profonde et la plus précieuse de la vie, Derek Prince explique ce que le mariage est avant tout aux yeux de Dieu: **une alliance**. Tout comme la Nouvelle Alliance de Jésus était impossible sans sa mort, de même l'alliance du mariage est impensable si les conjoints ne renoncent pas à leur propre vie, l'un par rapport à l'autre.*

**"Le flacon de médicament de Dieu"
➤ *Nous avalons si facilement le médicament que nous offre la pharmacie, souvent sans d'abord prendre celui que Dieu nous a donné: SA PAROLE!*

**"Dieu est un Faiseur de mariages"
➤ *Comment se préparer au mariage? Quel est le plan de Dieu pour le mariage? Qu'est-ce que la Bible dit sur le divorce? Est-ce que la Bible permet de se remarier? Dans quelles conditions? Vous trouverez des réponses claires et bibliques à ces questions si pressantes, à partir d'une expérience personnelle et de plus de cinquante ans de ministère.*

**"Le plan de Dieu pour votre argent"
➤ *Dieu a un plan pour tous les aspects de votre vie, y compris celui de vos fiances. Dans ce livre, Derek Prince révèle comment gérer votre argent pour que vous puissiez vivre sous la bénédiction de Dieu et dans l'abondance qu'il a voulues et entendues pour vous.*

Et autres.

Ecrivez à notre adresse pour recevoir gratuitement un catalogue de tous les livres et de toutes les cassettes de Derek Prince, des lettres d'enseignement gratuites et pour être tenu au courant de toutes les nouvelles éditions, et toute autre nouvelle de:

Pour tout renseignement:
DEREK PRINCE MINISTRIES FRANCE
9, Route d'Oupia, B.P.31, 34210 Olonzac France
tél. (33) 04 68 91 38 72 fax (33) 04 68 91 38 63
Email: info@derekprince.fr * www.derekprince.fr

UN AMOUR EXTRAVAGANT

Le mot "extravagant" vous surprend-il? Il est approprié dans ce cas, car je parle d'abord et avant tout de l'amour de Dieu.

L'amour est la nature même de Dieu. Si Dieu est bien plus grand que tout ce que nous pouvons concevoir et bien au-delà de tout ce que nous pouvons imaginer, il en va de même de son amour. Notre amour humain est souvent mesquin, parcimonieux ou égocentrique; l'amour de Dieu est vaste à l'infini, insondable et incommensurable; il est extravagant!

Voici la prière que Paul forme à l'égard du peuple de Dieu dans Ephésiens 3:14-19:

> "C'est pourquoi, je fléchis les genoux devant le Père, de qui toute famille dans les cieux et sur la terre tire son nom. Je prie qu'il vous donne, selon la richesse de sa gloire, d'être puissamment fortifiés par son Esprit dans l'homme intérieur, afin que Christ habite dans vos cœurs par la foi."

Remarquez que nous ne pouvons pas laisser Christ habiter dans notre cœur sans être auparavant puissamment fortifiés par son Esprit. Puis Paul continue:

> "Et je prie que vous soyez enracinés et fondés dans l'amour pour avoir le pouvoir de comprendre avec tous les saints quelle est la largeur, la longueur, la profondeur et la hauteur de l'amour de Christ et de connaître cet amour qui surpasse toute connaissance, en sorte que vous soyez remplis jusqu'à toute la plénitude de Dieu."

Le thème central de la prière de Paul à notre égard, en tant que peuple de Dieu, est que nous puissions connaître l'amour de Dieu. Il prie que nous puissions être fondés dans son amour et que nous parvenions à saisir quelle en est la largeur, la longueur, la profondeur et la hauteur.

Puis Paul conclut en disant: *"... afin de connaître cet amour qui dépasse toute connaissance."* Voilà un paradoxe, n'est-ce pas? Comment, en effet, pouvons-nous connaître un amour qui surpasse toute connaissance? Je pense qu'il existe une réponse à cela. Je crois que nous ne pouvons pas le connaître par notre intelligence, mais par une révélation de l'Ecriture et de l'Esprit saint. C'est une révélation qui éclaire directement notre esprit, plutôt que notre raison.

Le but de l'enseignement qui suit est de partager différents passages de l'Ecriture qui nous permettront d'apprécier graduellement la pleine mesure de l'amour de Dieu.

LE TRESOR CACHE DANS LE CHAMP

Le premier passage que je vous propose est une parabole de Jésus qui se trouve dans Matthieu 13:44. C'est le récit du trésor caché dans le champ.

Une parabole est une histoire simple qui emploie des faits et des objets de la vie courante. Tous les exemples que Jésus employait dans ce style de récit étaient familiers à son auditoire. Pourtant, le but de la parabole est de révéler les choses spirituelles et éternelles que l'on ne peut saisir au premier abord. Ainsi, la scène ou bien l'histoire familière est comme un miroir reflétant des vérités spirituelles peu apparentes au premier abord et auxquelles nous ne sommes pas habitués.

Jésus procède à la manière d'un bon enseignant, partant de ce qui est connu vers l'inconnu. Il utilise des faits familiers et conduit ses auditeurs vers ce qui leur est inconnu. Lorsque nous lisons une parabole, il nous faut nous demander quelles sont les vérités spirituelles correspondant aux faits matériels de la parabole.

Commençons par la lecture de la parabole, puis je vous en donnerai mon interprétation.

> *"Le royaume des cieux est semblable à un trésor caché dans un champ. L'homme qui l'a trouvé le cache de nouveau; et dans sa joie, il va vendre tout ce qu'il a et achète ce champ."*

Le texte est simple. Quelles sont les réalités spirituelles que nous révèle cette histoire? Voici mon interprétation personnelle que je crois conforme aux principes bibliques. Je ne suggère pas qu'il n'y ait pas d'autres interprétations, mais je vous propose la mienne.

L'homme ayant trouvé le trésor est Jésus. Le champ, c'est le monde. Cela est énoncé dans Matthieu 13:38 dans une autre parabole, et c'est un principe que l'on retrouve dans les sept paraboles contenues dans Matthieu 13. Mais quel est donc le trésor?

Je crois que le trésor est le peuple de Dieu dans ce monde.

L'homme est Jésus, le champ est le monde, le trésor est le peuple de Dieu dans ce monde.

Lorsque l'homme découvrit qu'il y avait un trésor caché dans le champ, il réagit avec sagesse. Il ne courut pas clamer partout sa découverte. En fait, il est dit qu'il enfouit le trésor à nouveau dans le champ. Il savait que si les villageois entendaient parler d'un trésor, une compétition frénétique s'emparerait d'eux. Aussi, il cacha le trésor et décida d'acheter le champ tout entier. En réalité, cet homme ne voulait pas le *champ*; ce qu'il désirait c'était le *trésor*. Mais comme il avait l'esprit pratique, il savait qu'il lui faudrait payer le prix du champ entier afin d'obtenir le trésor. Son prix était très élevé pour cet homme: il lui coûta tout ce qu'il avait. Mais il sacrifia tout avec joie parce qu'il connaissait la valeur de ce que contenait ce trésor.

Je peux imaginer la surprise au village. "Pourquoi donc cet homme veut-il ce champ? La terre n'est pas très fertile à cultiver. Tout ce qu'il produit, ce sont des épines et des ronces! Le terrain ne se prête pas vraiment à la construction non plus. Pourquoi donc a-t-il payé un prix si élevé pour un champ comme cela?"

Voyez-vous, ces gens ne savaient pas que le champ recelait un trésor. La seule personne qui était au courant était Jésus. Aussi, il paya le prix pour racheter le monde entier afin d'obtenir le trésor qui y était caché. Ce trésor, c'est le peuple de Dieu.

Lisons un autre verset très connu du Nouveau Testament situé dans Jean 3:16.

> *"Car Dieu a tant aimé le monde qu'il a donné son Fils unique* (c'est Jésus) *afin que quiconque croit en lui ne périsse pas, mais qu'il ait la vie éternelle."*

Ainsi, Dieu aime le monde et il a donné la vie de son Fils pour racheter le monde. Mais ce que Dieu reçoit en retour du monde, c'est ce *"quiconque"*. *"Quiconque croit en lui ne périra pas."* La somme totale de tous ces *"quiconque"* forme le trésor caché dans le champ pour le rachat duquel Jésus est mort. Il a racheté le monde en faveur de l'ensemble de ces *"quiconque"*.

Dans Tite 2:14 la même vérité nous est également

présentée. Parlant de Jésus, il est dit:

> *"Il s'est donné lui-même* (c'était le prix - tout ce qu'il avait) *pour nous, afin de nous racheter de toute iniquité, et de se faire un peuple qui lui appartienne, purifié par lui et zélé pour les œuvres bonnes."*

C'était cela le trésor caché: un peuple qui lui appartienne. Un peuple racheté du monde, racheté de toute méchanceté, purifié par lui et plein de zèle pour les œuvres bonnes. Et le prix était lui-même, soit tout ce qu'il avait, tout ce qu'il était. Il a donné sa vie. Il s'est donné lui-même afin d'acheter ce champ pour obtenir le trésor caché, c'est-à-dire son peuple racheté.

En y réfléchissant davantage, Jésus a acheté le champ à cause du trésor, mais il laisse à ses serviteurs, ceux et celles au service de l'Evangile, le soin de récupérer le trésor. Cela représente beaucoup de travail. Il faut localiser l'endroit du trésor, creuser et ôter toute la terre. Le trésor est là depuis longtemps; le voici rouillé, sale, couvert de moisissures, corrodé, et il a grand besoin d'être nettoyé.

Jésus ne fait pas cette préparation lui-même. Il a ses serviteurs de par le monde qui cherchent son trésor et creusent le terrain de toutes leurs forces. Croyez-moi, amener les personnes au Seigneur par la prédication de l'Evangile est une rude tâche! C'est tout aussi dur que le fait de creuser le terrain pour déterrer un trésor. Mais c'est la tâche donnée aux prédicateurs de l'Evangile et je suis l'un des nombreux serviteurs que Dieu a dans ce monde.

Je considère que le but de mon ministère est de dégager et de faire surgir ce trésor du sol, de le préparer et de l'apprêter au service du Seigneur.

C'est ce que dit Paul au sujet de son ministère dans Colossiens 1:28-29:

> *"C'est lui que nous annonçons.* (Il s'agit de Jésus. C'est ce que je fais également. Le but de mon ministère est d'annoncer une personne: Jésus.) *Nous l'annonçons en avertissant tout homme et en instruisant tout homme en toute sagesse, afin de rendre tout homme parfait en Christ."*

Paul avait le souci du peuple de Dieu et ne pouvait accepter que l'un d'eux vive en dessous de son potentiel pour le Seigneur. Il avait une lourde tâche. C'est ce qu'il déclare au verset 29:

> *"C'est à cela que je travaille, en combattant avec sa force qui agit puissamment en moi."*

Remarquez l'emploi des verbes soulignant son activité intense: *"... je travaille, en combattant avec sa force qui agit puissamment en moi."* Dans quel but est déployée toute cette activité? Faire surgir le trésor du champ, le laver, le préparer pour le présenter au Seigneur qui racheta le champ au prix de sa propre vie.

Comment le faisons-nous? Paul déclare: "Nous avertissons, nous instruisons avec sagesse dans le but d'amener chacun à vivre au maximum de son potentiel en Christ."

Mais je désire vous rappeler le prix qui fut payé pour le champ et pour le trésor qui y était caché. Le prix fut "TOUT ce qu'il avait". Il n'a rien retenu pour lui-même. Son amour était extravagant. Il l'a fait avec joie parce qu'il avait un tel amour pour le trésor.

LA PERLE DE GRAND PRIX

Tout, au sujet de Dieu, est plus grand et plus beau que tout ce que nous pouvons comprendre, et cela est particulièrement vrai en ce qui concerne son amour. Dieu est amour, c'est sa nature même. Le mot que j'ai choisi pour décrire cet amour est "extravagant". J'ai délibérément choisi un adjectif plutôt inhabituel et peu religieux parce que je voulais sortir des stéréotypes. L'amour de Dieu est extravagant.

Notre amour humain est, au fond, souvent mesquin, très limité et centré sur nous-mêmes. Mais l'amour de Dieu n'est pas comme cela. Il est vaste, sans limite et extravagant. Rappelez-vous la prière que Paul fait en notre faveur dans Ephésiens 3:14-19:

> *"Pour cette raison, je fléchis les genoux devant le Père, de qui toute famille dans les cieux et sur la terre tire son nom, afin qu'il vous donne, selon la richesse de sa gloire, d'être puissamment fortifiés par son Esprit dans l'homme intérieur; que Christ habite dans vos cœurs par la foi..."*

(Pour comprendre ce que Dieu a en réserve pour nous, il nous faut être d'abord fortifiés par son Esprit. Quelque chose doit se créer en nous, une sorte de réceptacle, pour qu'il puisse alors le remplir de ce qu'il désire. Lisons la suite de la prière de Paul:)

> *"... et je prie que vous soyez enracinés et fondés dans l'amour pour être capables de comprendre avec tous les saints quelle est la largeur, la longueur, la profondeur et la hauteur, et de connaître l'amour du Christ qui surpasse toute connaissance, en sorte que vous soyez remplis jusqu'à toute la plénitude de Dieu."*

Dieu veut déverser la plénitude de son amour dans le vase qu'il crée en nous par son Esprit saint. Il veut que nous connaissions toutes les dimensions de son amour, quelle en est la largeur, la longueur, la profondeur et la hauteur. Il veut que nous connaissions son amour qui dépasse la compréhension humaine. L'amour de Dieu ne peut être connu par notre intelligence, mais il peut être appréhendé par la révélation de l'Ecriture à travers l'Esprit saint.

J'ai utilisé, comme modèle, la parabole du trésor caché dans le champ pour mesurer l'amour de Dieu, dans Matthieu 13:44:

> *"Le royaume des cieux est semblable à un trésor caché dans un champ. L'homme qui l'a trouvé le cache de nouveau et, dans sa joie, il va vendre tout ce qu'il a et achète ce champ."*

J'ai interprété la parabole de la manière suivante: l'homme est Jésus, le champ est le monde, et le trésor est le peuple de Dieu dans le monde. Jésus ne désirait pas vraiment le champ, mais il devait l'acheter afin d'obtenir le trésor caché. Et cela lui coûta TOUT ce qu'il avait. Il l'a fait avec joie à cause de son amour pour le trésor qui serait sien. Ce que j'aimerais souligner, à travers tout ce message, c'est que cela LUI COUTA TOUT CE QU'IL AVAIT.

****

Nous allons maintenant lire la parabole de la perle de grand prix. Si la première parabole, celle du trésor caché dans le champ, révèle la mesure de l'amour de Christ pour son peuple collectivement, la seconde révèle la mesure de l'amour de Christ pour chaque âme individuellement. Il est très important pour chacun d'entre nous d'apprécier l'amour que Dieu nous porte individuellement et non collectivement seulement. Matthieu 13:45-46:

"Le royaume des cieux est encore semblable à un marchand qui cherche de belles perles. Ayant trouvé une perle de grand prix, il est allé vendre tout ce qu'il avait, et l'a achetée."

En relation avec la parabole précédente, je crois que le marchand est Jésus. L'homme de cette parabole n'était pas un touriste ordinaire faisant simplement du lèche-vitrines. Bien au contraire, il connaissait la valeur réelle de ce qu'il recherchait. Aussi, lorsqu'il trouva la perle, il réalisa que ce serait pour lui une excellente affaire de vendre tous ses biens afin de l'acheter.

Combien d'entre nous feraient une telle chose? Combien d'entre nous seraient prêts, en voyant une pierre si précieuse, à se séparer de TOUT afin de la posséder? Voilà ce qu'est l'amour de Jésus. Il est extravagant.

Le prix du champ est le même que celui de la perle: tout ce qu'il avait. Dans la partie suivante, nous allons analyser ce que signifie pour Jésus "donner tout ce qu'il avait".

Qu'évoque pour nous l'image d'une perle? Selon l'Ecriture, elle évoque la souffrance. Il est intéressant de noter que toutes les portes de la Nouvelle Jérusalem sont des perles. Ce qui nous indique qu'il n'y a pas d'entrée dans la Nouvelle Jérusalem, sinon par le chemin de la souffrance. Il n'y a pas d'autre porte. Selon ce que j'ai appris, une perle se forme à partir de l'irritation que subit l'huître perlière en présence d'un corps étranger. C'est en fait le résultat d'un "mal-être" de l'huître.

On procède par plusieurs étapes avant de pouvoir mettre la perle en vente. D'abord, il faut la chercher dans les profondeurs de la mer, puis la sortir de l'huître. Ensuite, on procède à plusieurs opérations. C'est un peu comme le trésor caché dans le champ; il faut beaucoup de travail pour la préparer. Jésus a acheté le champ, mais il laisse à ses serviteurs le soin de lui préparer le trésor; il en va de même, dans cette parabole, pour apprêter la perle qui, finalement, apparaît polie et brillante, d'une parfaite beauté.

Imaginez Jésus tenant cette perle unique dans sa main, le regard emprunt d'un amour indicible, et s'adressant à elle: "C'est pour toi que j'ai payé un tel prix. J'ai donné tout ce que j'avais." C'est là une adresse personnelle et individuelle. Il ne s'adresse pas à un groupe ou à une assemblée. C'est Jésus tenant une seule perle dans sa main et lui disant: "C'est pour toi que j'ai payé ce prix. J'ai donné tout ce que j'avais."

Poursuivez votre réflexion, car c'est très important! Dites-vous: "J'étais cette perle, je suis cette perle. S'il n'y avait eu personne d'autre à racheter, Jésus serait mort pour moi seulement." Je désire que vous compreniez cela. Beaucoup d'entre nous, dans la vie, se débattent avec le sentiment de valoir peu de choses, de ne pas être à la hauteur, de ne pas être appréciés et d'être rejetés. Nous nous demandons si nous sommes vraiment désirés. Il est si important de voir que chacun de nous est une perle pour laquelle Jésus a donné tout ce qu'il avait.

J'aimerais partager avec vous quatre expressions simples, mais essentielles de l'amour de Dieu:

1 - Il est individuel.
2 - Il est éternel.
3 - Il précède le temps: il est hors du temps.
4 - Il est irrésistible.

L'amour de Dieu est individuel, éternel, hors du temps et irrésistible. Voyons ensemble plusieurs passages des

Ecritures qui illustrent ces quatre points.

1 et 2 - L'amour de Dieu est à la fois individuel et éternel. C'est ce que déclare Jérémie 31:3:

> *"De loin l'Eternel se montre à moi* (ce n'est pas une chose nouvelle, mais c'est depuis les temps anciens) *disant: Je t'aime* (individuellement, personnellement) *d'un amour éternel; c'est pourquoi je te conserve ma bienveillance."*

L'amour de Dieu existe dès les temps anciens. Il est individuel, il est éternel, et c'est dans son amour qu'il nous attire à lui.

3 - L'amour de Dieu précède le temps. Ephésiens 1:4-5:

> *"En lui* (en Christ)*, Dieu nous a élus avant la fondation du monde, pour que nous soyons saints et sans défaut devant lui. Dans son amour, il nous a prédestinés par Jésus-Christ à être adoptés selon le dessein bienveillant de sa volonté."*

Il y a deux manières de ponctuer ces versets: *"... pour que nous soyons saints et sans défaut devant lui dans son amour. Il nous a prédestinés par ..."* et *"... pour que nous soyons saints et sans défaut devant lui. Dans son amour, il nous a prédestinés par..."* Mais quelle que soit la manière appliquée au texte, le fait est que l'amour de Dieu précède le temps. Avant la création du monde Dieu nous a aimés, il nous a choisis, il nous a prédestinés. Il a arrangé le cours de notre vie pour qu'un jour nous nous trouvions face à face avec lui et avec son amour.

4 - L'amour de Dieu est irrésistible. On trouve, dans le Cantique des cantiques 8:6, une brève déclaration de

Salomon, disant:

"... l'amour est fort comme la mort..."

La mort est irrésistible. Lorsque vient la mort, nul ne peut lui résister. Nul ne peut dire: "Je ne suis pas prêt. Je ne veux pas t'accepter." Nul homme n'a le pouvoir de résister à la mort. Salomon dit: "L'amour est aussi fort que la mort..." Le Nouveau Testament nous interpelle plus encore. Lorsque Jésus est mort et ressuscité des morts, il prouva que l'amour était plus fort que la mort. La force négative la plus irrésistible de l'univers fut conquise par la force positive la plus irrésistible de l'univers: l'amour de Dieu. Un vieux cantique anglais intitulé "Love will find a way" (L'amour trouvera un chemin) dit ceci:

"Par-dessus les montagnes,
 par-dessous les sources de la terre,
 l'amour de Dieu se trouvera un chemin..."

L'amour atteint toujours ses objectifs: il est irrésistible. Il n'accepte aucune barrière. Il franchira tous les obstacles et parviendra à son but. L'amour de Dieu est ainsi.

Pensez-y. L'amour de Dieu est individuel, éternel, il précède le temps, il est irrésistible. Puis imaginez-vous vous-même et voyez la perle précieuse que vous êtes dans la main de Jésus. Dites-vous: *"Son amour pour moi est personnel et éternel. Il précède le temps. Il est irrésistible."*

Rappelez-vous ensuite que cela lui a coûté tout ce qu'il avait. Arrêtez-vous pour lui dire merci!

JESUS A PAYE LE PRIX MAXIMUM

J'ai délibérément choisi le mot "extravagant" pour décrire

l'amour de Dieu comme il est exprimé en Christ. Je voulais m'éloigner des clichés et de la phraséologie religieuse, et vous éveiller, d'une certaine manière, à la véritable dimension de l'amour de Dieu.

Nous avons considéré deux paraboles qui nous donnent la mesure de ce que cela a coûté à Jésus de nous racheter: la parabole du trésor caché dans le champ et celle de la perle de grand prix. Dans chaque cas, l'acheteur avait dû vendre TOUT ce qu'il avait pour réaliser l'achat. Cela lui a coûté tout ce qu'il avait et c'est vrai pour Jésus. Nous racheter a coûté tout ce qu'il avait.

Que signifia exactement pour Jésus de donner sa vie pour nous? D'abord, il nous faut voir que le prix du rachat fut le sang de Jésus. Nous lisons dans 1 Pierre 1:18-19:

> *"Vous savez en effet que ce n'est point par des choses périssables - argent ou or - que vous avez été rachetés de la vaine manière de vivre, héritée de vos pères, mais par le sang précieux de Christ, comme d'un agneau sans défaut et sans tache."*

Seul le sang de Christ pouvait nous racheter de nos péchés, de notre folie et de nos ténèbres. Pourquoi le sang était-il nécessaire pour cela? L'Ancien Testament nous offre une réponse claire. La vie, ou l'âme, de toute chair est dans le sang. Si une créature vivante a une âme et a du sang, alors la vie ou l'âme de cette créature est dans son sang. C'est ce qui est déclaré dans Lévitique 17:11, lorsque Moïse reçoit les lois concernant la manière de vivre selon les principes divins. Dieu annonce prophétiquement par son serviteur:

> *"Car la vie de la chair* (ou l'âme de la chair) *est dans le sang. Je vous l'ai donné sur l'autel, afin qu'il vous serve d'expiation pour votre vie* (ou âme)..."

Cela était bien entendu vrai dans l'Ancienne Alliance, selon le modèle et l'ombre des choses à venir. Mais c'était une parole prophétique concernant le sang de Jésus, donné sur l'autel de la croix, afin d'accomplir l'expiation finale, une fois pour toutes, de nos âmes. Puis le texte continue:

> *"... car c'est par la vie* (ou l'âme) *que le sang fait l'expiation."*

Souvenez-vous bien que le même mot hébreu signifie "la vie" et "l'âme". L'âme de toute chair est dans le sang. Le prophète Esaïe prédit que Jésus donnerait le sang de sa vie et, de ce fait, son âme en sacrifice expiatoire sur la croix. Parlant ainsi prophétiquement de Jésus, il dit dans Esaïe 53:12b:

> *"Il s'est livré lui-même à la mort, et il a été compté parmi les coupables, il a porté le péché de beaucoup et il a intercédé pour les coupables."*

Remarquez ces quatre déclarations sur ce que fit Jésus: il a livré son âme à la mort, il a été compté parmi les coupables (il a été crucifié parmi les voleurs), il a porté le péché de beaucoup (le péché du monde entier) et il a intercédé pour les coupables. Avant de mourir sur la croix, il a prié: *"Père, pardonne-leur, car ils ne savent pas ce qu'ils font."* Chacune de ces déclarations a été exactement accomplie en Jésus. Mais nous voulons porter notre attention sur la première déclaration au verset 12: "Il a livré son âme à la mort..." Il a déversé sa vie dans la mort.

En examinant un passage du Lévitique, nous trouvons l'annonce précise de ce qui s'est passé. Le jour le plus important du calendrier religieux juif est celui des expiations, mieux connu aujourd'hui sous le nom de Yom Kippour. Ce jour-là seulement, le souverain sacrificateur entrait dans le saint des saints avec le sang des sacrifices, couvrant les péchés d'Israël pour une année. C'est ainsi que Moïse le décrit dans Lévitique 16:14:

> *"Il* (le souverain sacrificateur) *prendra du sang du taureau et fera l'aspersion avec son doigt sur le propitiatoire vers l'est; il fera l'aspersion du sang avec son doigt sept fois devant le propitiatoire."*

Seul le sang pouvait faire l'expiation des péchés du peuple de Dieu, et le sang devait être porté juste devant la présence du Dieu tout-puissant dans le saint des saints. Remarquez que l'aspersion se faisait en sept fois. Cela n'est pas sans raison. Sept est le chiffre qui symbolise l'œuvre du Saint-Esprit, c'est le chiffre de la pleine réalisation et de la perfection. Sept indique que l'œuvre parfaite est accomplie. Et elle fut parfaitement accomplie par la manière dont Jésus versa son sang, qui fut précisément répandu sept fois avant que le sacrifice fût complet.

Nous trouvons l'accomplissement exact de ces prophéties de l'Ancien Testament en observant les faits historiques décrits dans les Evangiles. Le sang de Jésus fut répandu sept fois, de sept manières différentes.

La première fois que le sang de Jésus fut répandu se trouve consignée dans Luc 22:44 lorsque Jésus, dans le jardin de Gethsémané, lutta à l'agonie afin de s'offrir entièrement à Dieu pour le sacrifice suprême:

> *"En proie à l'angoisse, il priait plus instamment, et sa sueur devint comme des grumeaux de sang, qui tombaient à terre."*

Son sang commençait à sortir de son corps par sa sueur. C'était l'expression de son agonie et de sa lutte intérieure. Cela correspond à la première aspersion.

La deuxième fois que le sang de Jésus fut répandu se trouve consignée dans Matthieu 26:67, lorsqu'il est conduit chez le souverain sacrificateur, ou il fut questionné et maltraité:

> *"Là-dessus, ils lui crachèrent au visage et lui donnèrent des coups de poing; d'autres le giflèrent."*

La phrase traduite par *"lui donnèrent des coups de poing"* peut également signifier *"battre avec des bâtons"*. C'est probablement plus juste, car cela a été prophétisé dans l'Ancien Testament par Michée 4:14 où il est dit:

> *"Avec le bâton on frappe sur la joue le juge d'Israël."*

Jésus fut battu à grands coups au visage d'où jaillit le sang (probablement du nez en premier lieu).

La troisième fois que le sang de Jésus fut répandu se trouve consignée dans Matthieu 27:26:

> *"Alors Pilate leur relâcha Barabbas; et après avoir fait flageller Jésus, il le livra pour être crucifié."*

C'est ce que prédit l'Ancien Testament dans Esaïe 50:6, où le Seigneur, parlant à la première personne, dit:

> *"J'ai livré mon dos à ceux qui me frappaient et mes joues à ceux qui m'arrachaient la barbe; je n'ai pas dérobé mon visage aux outrages et aux crachats."*

Il est important de noter que le Seigneur livra son dos: il n'était pas contraint de le faire, mais c'est volontairement qu'il se livra lui-même en sacrifice.

Il fut frappé avec le fouet romain qui était composé de plusieurs cordes terminées par un morceau de fer ou d'os.

Lorsque ces cordes frappaient le dos, elles labouraient littéralement la chair et l'arrachaient, mettant à vif les muscles, les tendons, les nerfs, et même les os.

Cela correspond à la troisième aspersion selon Lévitique 16.

La quatrième fois que le sang de Jésus fut répandu n'est mentionnée qu'en quelques mots dans la Nouvelle Alliance; mais si nous lisons à nouveau Esaïe 50:6:

> *"J'ai livré mon dos à ceux qui me frappaient et mes joues à ceux qui m'arrachaient la barbe..."*

Ils ont aussi arraché la barbe de Jésus et tiré par touffes à pleines mains; ce faisant, ils ont versé son sang.

La cinquième fois fut la couronne d'épines. Nous lisons dans Matthieu 27:28-29:

> *"Ils* (les soldats romains) *lui ôtèrent ses vêtements et le couvrirent d'un manteau écarlate. Ils tressèrent une couronne d'épines, qu'ils posèrent sur sa tête..."*

Ils ne l'ont pas simplement "posée" sur sa tête. Ces soldats brutaux, ayant tressé ces épines acérées - dont on voit partout les buissons sur la terre d'Israël aujourd'hui encore - les enfoncèrent avec brutalité sur sa tête. Ils ont enfoncé ces longues épines acérées dans son crâne.

Cela correspond à la cinquième aspersion selon Lévitique 16.

La sixième fois fut la crucifixion consignée dans Matthieu 27:35:

> *"Après l'avoir crucifié, ils se partagèrent ses*

vêtements..."

Ses mains et ses pieds furent percés de clous, selon la prophétie de l'Ancien Testament. Le Psaume 22:17 dit: *"Ils ont percé mes mains et mes pieds..."* et au verset 18: *"Ils se partagent mes vêtements, ils tirent au sort ma tunique."*

Il reste la septième et dernière fois que le sang de Jésus fut répandu, après que Jésus eut expiré. Un soldat romain fut envoyé pour s'assurer que les trois crucifiés étaient effectivement morts. Il acheva les deux agonisants, mais lorsqu'il vint à Jésus, il constata qu'il était déjà mort.

Dans Jean 19:34 il est dit:

> *"... un des soldats lui perça le côté avec une lance, et aussitôt, il sortit de l'eau et du sang."*

Dans ces sept aspersions, le corps de Jésus fut ainsi vidé de son sang. Jésus a vraiment livré son âme à la mort. Il a versé son sang sept fois:

1 - Sa sueur devint du sang.
2 - Ils l'ont battu au visage avec les poings et le bâton.
3 - Ils ont lacéré son dos avec un fouet romain.
4 - Ils ont arraché sa barbe.
5 - Ils ont enfoncé des épines acérées dans son crâne.
6 - Ses mains et ses pieds ont été percés avec des clous.
7 - Une lance lui perça le côté.

En lisant cette liste, rappelez-vous que telle est la mesure de son amour, tel est le prix qu'il a payé. Cela lui coûta vraiment TOUT ce qu'il avait. Il ne s'est pas simplement dépouillé de sa gloire, de son trône et de sa majesté en tant que Dieu. Il n'a pas simplement donné ses quelques possessions terrestres, comme n'importe quel mortel sur terre. Il s'est livré totalement. C'était sa propre vie et il l'a donnée. Il a versé son sang comme prix du rachat. Pensez à cela, pensez quelle fut la mesure de l'amour de Dieu. Cet amour est, pour le moins, extravagant!

L'HERITAGE COMPLET

L'amour de Dieu pour l'humanité est à mesurer par le prix qu'il paya pour notre rédemption. Pour illustrer cela, nous avons vu deux paraboles dans Matthieu 13: le trésor caché dans le champ et la perle de grand prix. Dans chaque cas, l'acheteur donna TOUT ce qu'il avait, et il est l'image de Jésus. Le trésor est le peuple de Dieu collectivement. La perle est chaque âme, individuellement.

L'image présentée dans ces deux paraboles a été littéralement accomplie en Jésus. Non seulement il se dépouilla de son trône, de sa gloire, de ses privilèges et prérogatives, mais il abandonna tout ce qu'il avait sur cette terre; finalement, pour racheter nos âmes, il livra la sienne à la mort. Il donna sa vie pour le rachat de la nôtre. Il le fit comme l'avaient annoncé les prophéties de l'Ancien Testament: en versant son sang.

Selon l'accomplissement des prophéties de l'Ancien Testament, le sang de Jésus fut versé en sept fois, tout comme le souverain sacrificateur faisait l'aspersion du sang des sacrifices sept fois dans le saint des saints, devant l'arche de l'Alliance le jour des expiations. Ces sept étapes par lesquelles Jésus versa son sang sont consignées dans l'Ecriture. D'abord, à Gethsémané sa sueur devint du sang; puis, dans la maison du souverain sacrificateur, il fut frappé au visage à coups de poing et de bâton; ensuite, devant Pilate, il fut battu au fouet romain. On lui arracha également la barbe, puis les soldats enfoncèrent des épines acérées dans son crâne. Ses mains et ses pieds furent ensuite percés de clous et finalement, après qu'il eut expiré sur la croix, son côté fut percé par une lance et il en jaillit de l'eau et du sang. Jésus s'est livré entièrement. Il a livré sa vie, TOUT ce qu'il avait pour notre rédemption.

Maintenant, considérons l'héritage sans mesure que nous recevons en Christ par la rédemption. Non seulement Dieu a été extravagant par le prix qu'il a payé pour notre rachat, mais il l'est également dans tout ce qu'il nous donne en Christ.

Dans Romains. 8:15-17, Paul énonce aux chrétiens ce qui est à leur disposition en Christ, par la foi:

> *"Et vous n'avez pas reçu un esprit de servitude, pour être encore dans la crainte, mais vous avez reçu un Esprit d'adoption, par lequel* (par l'Esprit) *nous crions: Abba! Père!"*

Abba en araméen ou en hébreu correspond au mot "papa". Ainsi, nous sommes entrés dans une relation intime avec Dieu le Père et nous nous adressons à lui en tant que Papa. L'Esprit de Dieu lui-même nous donne cette assurance et cette confiance. Puis, Paul continue en expliquant ce que l'Esprit nous révèle sur notre position en Christ:

> *"L'Esprit lui-même rend témoignage à notre esprit que nous sommes enfants de Dieu."*

La Bible nous l'affirme, mais l'Esprit de Dieu renforce, personnellement, dans le fond de notre cœur, et confirme la véracité de l'Ecriture. Nous sommes enfants de Dieu. Dans le verset suivant, Paul explique ce que cela implique d'être enfants de Dieu:

> *"Or, si nous sommes enfants, nous sommes aussi*

héritiers: héritiers de Dieu, et cohéritiers de Christ,
si toutefois nous souffrons avec lui, afin d'être aussi
glorifiés avec lui."

Selon le même processus commun à la race humaine, lorsque nous devenons enfants de Dieu, nous devenons aussi héritiers. Nous sommes héritiers de Dieu et cohéritiers de Christ. Bien entendu, une condition est établie: celle d'avoir la volonté de partager ses souffrances. Si nous partageons l'héritage, nous partageons aussi les souffrances. Souvenez-vous que la formation de la perle huîtrière est le résultat d'une souffrance.

Il est important de comprendre ce que signifie être cohéritiers. Cela ne veut pas dire que nous obtenons chacun une petite fraction de l'ensemble de l'héritage, mais signifie que Christ, en tant que premier-né et fils aîné, a l'héritage entier et que nous le partageons avec lui. Chacun d'entre nous a droit à l'héritage entier, qui est aussi celui de Jésus. La loi du royaume de Dieu est le partage. Nous ne nous emparons pas chacun d'une portion, mais nous partageons ensemble tout ce que Dieu le Père a, et tout ce que Christ, le Fils, a.

Voici ce que Jésus dit au sujet de cet héritage et comment nous pouvons mieux en découvrir l'étendue. Dans Jean 16:13-15, parlant de la venue du Saint-Esprit, il dit:

"Quand il sera venu, lui, l'Esprit de vérité, il vous
conduira dans toute la vérité (nous ne pouvons pas
comprendre cela sans l'aide de l'Esprit saint)*; car ses*
paroles ne viendront pas de lui-même, mais il
parlera de tout ce qu'il aura entendu et vous
annoncera les choses à venir. Lui me glorifiera,
parce qu'il prendra de ce qui est à moi et vous
l'annoncera. Tout ce que le Père a, est à moi; c'est
pourquoi j'ai dit qu'il prendra de ce qui est à moi, et

vous l'annoncera."

Tout ce qui appartient au Père appartient au Fils, et le Saint-Esprit nous le révélera. Rappelons-nous que l'Esprit saint est l'administrateur de l'héritage. Si notre relation avec lui n'est pas bonne, si nous ne marchons pas en communion avec lui, alors bien qu'étant en théorie les enfants d'un roi, nous pouvons vivre comme des mendiants et des pauvres, parce que nous n'entrons pas dans notre héritage. L'héritage, c'est tout ce qu'a Dieu le Père, et tout ce qu'a Dieu le Fils. Ils le partagent ensemble, et nous le partageons avec eux. C'est la plénitude de ce que Dieu nous donne en Christ. Dieu n'est ni mesquin ni avare. Il n'est pas légaliste. Il est extravagant.

Voyons un autre verset de l'Ecriture qui nous explique l'étendue de notre héritage. Il se trouve dans Romains 8:32:

> *"Lui* (Dieu) *qui n'a pas épargné son propre Fils, mais qui l'a livré pour nous tous* (c'est le prix que Dieu a payé), *comment ne nous donnera-t-il pas aussi tout avec lui, par grâce?"*

Considérons ce qu'impliquent ces paroles. Lorsque nous recevons Christ, Dieu nous offre tout. Mais, sans lui, nous ne recevons rien. Quelle magnifique insistance il y a dans l'envergure de l'héritage et de sa liberté absolue! Nous ne pouvons gagner cet héritage. Nous le recevons comme un don gratuit qui englobe absolument toutes les choses.

Nous sommes héritiers de l'héritage entier: tout ce que Dieu le Père et Dieu le Fils ont, nous l'avons lorsque nous recevons Christ.

Dans la première épître aux Corinthiens, Paul tente de montrer à ces croyants leur richesse. D'une certaine manière il les reprend, car ils agissent comme s'ils étaient pauvres puisqu'ils demeurent avares, mesquins et jaloux les uns envers les autres. L'apôtre leur dit: "Vous ne réalisez vraiment pas ce que vous avez!" Lisons 1 Corinthiens 3:21-23.

> *"Que personne donc ne mette sa gloire dans les hommes; car tout est à vous* (cette déclaration n'est-elle pas extraordinaire?), *soit Paul, soit Apollos, soit Céphas* (ne vous rendez pas dépendants de tel prédicateur ou de tel autre, dit-il), *soit le monde, soit la vie, soit la mort, soit les choses présentes, soit les choses à venir. Tout est à vous; et vous êtes à Christ, et Christ est à Dieu."*

Comme cette affirmation est profonde, n'est-ce pas? Paul dit "toutes choses vous appartiennent. Cessez d'agir avec parcimonie, cessez d'être étroits d'esprit. Rappelez-vous que tout est à vous!"

Souvenons-nous que tout nous est donné généreusement. Nous ne pouvons le gagner. Mais il est important que nous demandions au Saint-Esprit d'élargir notre foi et notre compréhension. Souvenons-nous que c'est lui l'administrateur. A moins que le Saint-Esprit ne nous parle et ne nous guide dans la vérité, ce seront juste des paroles en l'air, ce ne sera pas la réalité. C'est le Saint-Esprit qui transforme les promesses en réalité.

Finalement, je voudrais que nous lisions deux traductions différentes de 1 Jean 4:16:

> *"Et nous, nous avons connu l'amour que Dieu a pour nous, et nous y avons cru. Dieu est amour; et celui qui demeure dans l'amour demeure en Dieu, et Dieu demeure en lui."* (version Segond)

"Et nous avons connu et cru l'amour que Dieu a pour nous. Dieu est amour, et celui qui demeure dans l'amour, demeure en Dieu et Dieu en lui." (version Darby)

Ces traductions montrent les deux aspects complémentaires suivants:

"Et nous, nous avons connu l'amour que Dieu a pour nous, et nous y avons cru" et *"Et nous avons connu et cru l'amour que Dieu a pour nous"*

Voici ces deux aspects: l'un est de CONNAITRE l'amour que Dieu a pour vous, l'autre est de CROIRE en l'amour que Dieu a pour vous, ou, comme le précise la seconde traduction, de "connaître et croire" l'amour que Dieu a pour vous.

Bien des chrétiens écoutent la lecture des Ecritures le dimanche à l'église concernant l'amour de Dieu. Ils peuvent les méditer ou même tout simplement y croire, mais ces paroles ne deviendront réalité en eux que lorsqu'ils *connaîtront et croiront* en l'amour de Dieu. Il faut prendre au sérieux le fait que Dieu nous aime et a payé le prix le plus élevé dans l'univers afin de nous racheter. Puis, nous ayant rachetés, il nous a offert son héritage complet. Nous devons commencer à agir selon cette vérité. Nous devons en dépendre, prendre appui sur elle. Nous devons cesser d'être parcimonieux, avares, étroits d'esprit et de cœur envers les autres et envers nous-mêmes. Nous devons apprendre à être comme Dieu: EXTRAVAGANTS!

EXPRIMONS A NOTRE TOUR CET AMOUR EXTRAVAGANT

Nous avons vu que l'amour de Dieu pour l'humanité pouvait

être mesuré selon certaines normes.

Premièrement, cet amour peut être mesuré par le prix que Dieu et Jésus payèrent. Sa valeur est exprimée dans les paraboles évoquées du trésor caché dans le champ et de la perle de grand prix. Le rachat a coûté "TOUT CE qu'il AVAIT". Il a versé son sang, il a livré son âme, ou sa vie, à la mort en versant son sang sept fois consécutivement.

Deuxièmement, l'amour de Dieu envers nous peut être mesuré par l'héritage que Dieu nous offre en Christ. Nous sommes cohéritiers avec Christ et héritiers de Dieu. L'héritage complet de Dieu le Père et de Dieu le Fils nous est acquis en Christ.

L'étendue de l'amour extraordinaire de Dieu peut être mesurée par le prix qu'il paya pour notre rachat et l'héritage qu'il nous offre.

Nous allons maintenant examiner la manière dont nous pouvons répondre en retour à l'amour extravagant de Dieu. C'est très simple: nous devrions être extravagants en retour. Pour illustrer cela, voyons le récit de ce que fit une femme pour Jésus, une semaine environ avant sa mort. Il se situe dans Marc 14:3-9:

> *"Comme Jésus était à Béthanie, dans la maison de Simon le lépreux, une femme entra pendant qu'il se trouvait à table. Elle tenait un vase d'albâtre qui renfermait un parfum de nard pur de grand prix; elle brisa le vase et répandit le parfum sur la tête de Jésus. Quelques-uns exprimèrent entre eux leur indignation: A quoi bon perdre ce parfum? On aurait pu le vendre plus de trois cents deniers, et les donner aux pauvres. Et ils s'irritaient contre cette femme. Mais Jésus dit: Laissez-la. Pourquoi lui faites-vous*

*de la peine? Elle a fait une bonne action à mon
égard; car vous avez toujours les pauvres avec vous,
et vous pouvez leur faire du bien quand vous le
voulez, mais moi, vous ne m'avez pas toujours. Et
elle a fait ce qu'elle a pu; elle a d'avance embaumé
mon corps pour la sépulture. En vérité, je vous le dis,
partout où la Bonne Nouvelle sera prêchée dans le
monde entier, on racontera aussi en mémoire de
cette femme ce qu'elle a fait."*

Jésus termine par ces paroles étonnantes: "On racontera en
mémoire de cette femme ce qu'elle a fait!" Voyons le récit de
Jean 12:3-6 qui nous donne l'identité de cette femme et fait
ressortir certains autres aspects de ce qui s'est alors produit:

*"Marie prit une livre d'un parfum de nard pur de
grand prix, en répandit sur les pieds de Jésus et lui
essuya les pieds avec ses cheveux; et la maison fut
remplie de l'odeur du parfum. Un des disciples,
Judas Iscariot, celui qui devait le livrer, dit alors:
Pourquoi n'a-t-on pas vendu ce parfum trois cents
deniers pour les donner aux pauvres? Il disait cela,
non qu'il se mît en peine des pauvres, mais parce
qu'il était voleur et que, tenant la bourse, il prenait
ce qu'on y mettait."*

Considérons trois éléments importants de ce récit: d'abord
ce que fit Marie, puis ce que dit ou fit Jésus, et enfin
comment réagirent ceux qui critiquaient.

Marie n'a-t-elle pas agi de manière extravagante? Elle a
versé sur les pieds de Jésus un parfum de nard pur dont la
valeur représentait plus d'une année de salaire, ce qui
équivaudrait de nos jours au minimum à 75 000 francs
français. Elle a versé une mesure de parfum valant 75 000
francs français qu'elle conservait dans un beau vase d'albâtre

qu'elle a dû briser. Le vase ne pouvait donc plus être utilisé à nouveau. Il fut détruit en un instant. C'était extravagant!

Marie était totalement dévouée au Seigneur. Non seulement elle versa le parfum sur sa tête, comme nous le lisons dans Marc, mais aussi sur ses pieds comme nous le lisons dans Jean. Puis elle essuya les pieds de Jésus avec ses cheveux. Pouvez-vous vous représenter Marie, agenouillée aux pieds de Jésus, ses longs cheveux dénoués, essuyant le parfum et caressant les pieds du Seigneur?

Considérez la portée de ce que Jésus a dit de cette femme. Il n'a certainement pas pris part aux critiques. Il a dit dans Marc 14:6: *"Elle a fait une bonne action à mon égard."* Elle a fait une bonne action: Jésus a vu toute la beauté de cet acte. L'amour extravagant est beau!

Dans Marc 14:8, Jésus dit de cette femme: *"Elle a fait ce qu'elle a pu..."* C'est si simple, mais si important. Dieu ne nous demande pas de faire plus que nous ne le pouvons. J'ai souvent entendu les gens dire: "Je voudrais tant faire davantage!" Mais je me demande alors s'ils font vraiment tout ce qu'ils peuvent. Dieu ne vous demandera jamais plus que vous ne pouvez faire. Mais si vous faites ce que vous pouvez, l'attitude de Jésus sera la même envers vous qu'elle a été envers cette femme.

Dans Marc 14:8, Jésus dit: *"Elle a d'avance embaumé mon corps pour la sépulture."* Quelle étonnante déclaration. A cet instant, aucun des disciples ne croyait que Jésus allait bientôt mourir et être mis au tombeau. Cependant, seule parmi tout son entourage, Marie eut la révélation de sa mort prochaine et de sa mise au sépulcre. Et en fait, lorsqu'il mourut sur la croix, les disciples n'eurent pas le temps d'embaumer le corps de Jésus selon la coutume. Ils durent l'envelopper rapidement dans le linceul, après avoir versé des épices parfumées sur le corps, sans pouvoir l'embaumer correctement.

Ils avaient manqué l'opportunité de le faire. Mais Marie était réceptive à l'œuvre de l'Esprit saint. Le Saint-Esprit pouvait lui parler parce qu'il pouvait parler à son cœur, et non pas nécessairement à sa tête, à sa raison. On dit que "le cœur a ses raisons que la raison ne connaît pas". Je pense que le cœur de cette femme avait des raisons que tous ceux qui entouraient Jésus et étaient à ses côtés, assis là à raisonner, ne pouvaient comprendre.

La récompense de Marie est inscrite dans Marc 14:9:

> *"En vérité, je vous le dis, partout où la Bonne Nouvelle sera prêchée dans le monde entier, on racontera aussi en mémoire de cette femme ce qu'elle a fait."*

Même ce livre contribue à accomplir cette prophétie, puisqu'il est traduit et lu dans diverses langues sur plusieurs continents, et que ce message est également radiodiffusé de par le monde. C'est là un accomplissement parmi tant d'autres de la prophétie.

Finalement, examinons la réaction et les critiques dans l'entourage de Jésus. Ces hommes étaient avares, comme le sont souvent les religieux. Il existe une expression qui dit: "être pauvre comme une souris d'église". On considère les souris d'église plus pauvres encore que toutes les autres souris! Le monde voit l'Eglise comme un rassemblement de pingres plutôt pauvres. Bien des chrétiens donnent au monde de bonnes raisons de penser ainsi. Mais c'étaient ceux qui critiquaient qui étaient avares. Ce n'était ni Jésus ni Marie.

Deuxièmement, les critiques eux-mêmes étaient d'ailleurs hypocrites. Ils prenaient soudain conscience des pauvres en voyant le parfum répandu. Je me demande s'ils avaient fait beaucoup pour les pauvres jusqu'alors et s'ils avaient, à partir de cet instant, le vrai désir de les aider davantage.

Troisièmement, ils étaient de bien triste compagnie, ce qui est un trait commun à tous les médisants passant leur temps à critiquer. Ils n'ont même pas apprécié le parfum du nard répandu. Toute la maison en était remplie, mais ils étaient si occupés à critiquer avec colère qu'ils ne pouvaient même pas l'apprécier.

Pour conclure maintenant sur ce thème particulier de l'amour extravagant de Dieu, je voudrais vous poser une question personnelle. Le Saint-Esprit vous a-t-il un jour touché le cœur au point que vous ayez été extravagant dans votre dévotion pour Jésus? Vous ne pouvez bien entendu rien faire directement pour Jésus, puisqu'il est aux cieux. Mais, comme Marie, vous pouvez faire quelque chose pour son corps, c'est-à-dire pour son peuple sur terre.

Comme je l'ai dit précédemment, ce message a été radiodiffusé aux endroits les plus reculés de la terre: en Chine, en Inde, en Afrique, en Amérique centrale et en Amérique du Sud, sur les îles du globe. Beaucoup, parmi ceux qui l'ont écouté, sont selon le niveau de vie occidental, extrêmement pauvres. Beaucoup n'ont pas de drap sur leur lit; ou, en fait, beaucoup n'ont même pas de lit. Ils dorment sur une natte, à même le sol de leur hutte. Beaucoup n'ont pas de chaussures aux pieds. La plupart n'ont sans doute pas non plus la variété de choix de nourriture. Nous sommes tant habitués à nous demander ce que nous aimerions manger aujourd'hui ou demain, que nous ne réalisons pas que le monde est peuplé d'êtres humains qui n'ont jamais eu ce choix. Pour certains, il n'y a pas de nourriture du tout.

Si vous m'aidez à les atteindre, vous faites une belle action pour le corps de Christ sur terre. Si le Saint-Esprit touche votre cœur, ferez-vous comme Marie? Oserez-vous être extravagant? Oserez-vous faire un acte hors de l'ordinaire? Les personnes religieuses peuvent vous critiquer, mais rappelez-vous que Jésus, lui, se souviendra de cela.

* * * * * * *